Y 5969.
A a.

Réserve
ⓐ

Y f   4225

DESSEINS DE LA TOISON D'OR,

TRAGEDIE.

Representée par la Troupe Royale du Marests, chez Mr le Marquis de Sourdeac, en son Chasteau du Neufbourg, pour réjoüissance publique du Mariage du Roy, & de la Paix auec l'Espagne, & en suite sur le Theatre Royal du Marests.

A PARIS,
Chez AVGVSTIN COVRBE, au Palais, en la Gallerie des Merciers, à la Palme.
Et
GVILLAVME DE LVYNE, Libraire Iuré, dans la mesme Gallerie, à la Iustice.

M. DC. LXI.
AVEC PRIVILEGE DV ROY.

ARGVMENT.

'ANTIQVITÉ n'a rien fait passer iusqu'à nous qui soit si generalement connu que le voyage des Argonautes, mais comme les Historiens qui en ont voulu démesler la verité dans la Fable qui l'enueloppe, ne s'accordent pas en tout, & que les Poëtes qui l'ont embelly de leurs fictions, n'ont pas pris la mesme route, j'ay crû que pour faciliter au Spectateur l'intelligence entiere de ce Suiet, il estoit à propos de l'aduertir de quelques particularitez, où ie me suis attaché, qui peut estre ne sont pas connuës de tout le monde. Elles sont pour la pluspart tirées de Valerius Flaccus, qui en a fait vn Poëme Epique en Latin.

Phryxus estoit fils d'Athanias Roy de Thebes, & de Nephelé, qu'il repudia pour épouser Ino. Cette seconde femme persecuta si bien ce ieune Prince, qu'il fut obligé de s'enfuir sur vn mouton dont la laine estoit d'or, que sa mere luy donna apres l'auoir receu de Mercure. Il le sacrifia à Mars, si-tost qu'il fut abordé à Colchos, & luy en appendit la dépoüille dans vne forest qui luy estoit consacrée. Aætes fils du Soleil, & Roy de

A ij

ARGVMENT.

cette prouince, luy donna pour femme Chalciope sa fille aisnée, dont il eut quatre fils, & mourut quelque temps apres. Son Ombre apparut en suite à ce Monarque, & luy reuela que le destin de son Estat dépendoit de cette Toison, qu'en mesme temps qu'il la perdroit il perdroit aussi son Royaume, & qu'il estoit resolu dans le Ciel que Medée son autre fille auroit un époux estranger. Cette prediction fit deux effets. D'un costé Aætes, pour conseruer cette Toison, qu'il voyoit si necessaire à sa propre conseruation, voulut en rendre la conqueste impossible par le moyen des charmes de Circé sa sœur, & de Medée sa fille. Ces deux sçauantes Magiciennes firent en sorte, qu'on ne pouuoit s'en rendre maistre, qu'apres auoir dompté deux Taureaux, dont l'haleine estoit toute de feu, & leur auoir fait labourer le champ de Mars, où en suite il falloit semer des dens de Serpent, dont naissoient aussi-tost autant de Gensdarmes, qui tous ensemble attaquoient le temeraire qui se hazardoit à vne si dangereuse entreprise : & pour dernier peril, il falloit combatre vn Dragon qui ne dormoit iamais, & qui estoit le plus fidelle & le plus redoutable gardien de ce tresor. D'autre costé les Rois voisins, ialoux de la grandeur d'Aætes, s'armerent pour cette conqueste, & entre autres Perses son frere, Roy de la Chersonese Taurique, & fils du Soleil comme luy. Comme il s'appuya du secours des Scytes, Aætes emprunta celuy de

ARGVMENT.

Styrus Roy d'Albanie, à qui il promit Medée, pour satisfaire à l'ordre qu'il croyoit en auoir receu du Ciel par cette ombre de Phryxus. Ils donnoient bataille, & la victoire panchoit du costé de Persès, lors que Iason arriua suiuy de ses Argonautes dont la valeur la fit tourner du party contraire, & en moins d'vn mois ces Heros firent emporter tant d'auantages au Roy de Colchos sur ses ennemis, qu'ils furent contraints de prendre la fuite, & d'abandonner leur camp. C'est icy que commence la Piece, mais auant que d'en venir au détail, il faut dire vn mot de Iason, & du dessein qui l'amenoit à Colchos.

Il estoit fils d'Aeson Roy de Thessalie, sur qui Pelias son frere auoit vsurpé ce Royaume. Ce Tyran estoit fils de Neptune & de Tyro, fille de Salmonée, qui épousa en suite Cretheus pere d'Aeson, que ie viens de nommer. Cette vsurpation luy donnant la deffiance ordinaire à ceux de sa sorte, luy rendit suspect le courage de Iason son nepueu, & legitime heritier de ce Royaume. Vn Oracle qu'il receut le confirma dans ses soupçons, si bien que pour l'éloigner, ou plustost pour le perdre, il luy commanda d'aller conquerir la Toison d'or, dans la croyance que ce Prince y periroit, & le laisseroit par sa mort paisible possesseur de l'Estat, dont il s'estoit emparé. Iason par le conseil de Pallas fit bastir pour ce fameux voyage le Nauire Argo, où s'embarquerent auec luy quarante des

ARGVMENT.

plus vaillans de toute la Grece. Orphée fut du nombre, auec Zethez & Calaïs, fils du Vent Borée, & d'Orithie Princesse de Thrace, qui estoient nez auec des aisles comme leur pere, & qui par ce moyen deliurerent en passant Phinée des Harpyes, qui fondoient sur ses viandes, si tost que sa table estoit seruie, & leur donnerent la chasse par le milieu de l'air. Ces Heros durant leur voyage receurent beaucoup de faueurs de Iunon, & de Pallas, & prirent terre à Lemnos, dont estoit Reine Hypsipile, où ils tarderent deux ans, pendant lesquels Iason fit l'amour à cette Reine, & luy donna parole de l'épouser à son retour ; ce qui ne l'empescha pas de s'attacher auprés de Medée, & de luy faire les mesmes protestations si tost qu'il fut arriué à Colchos, & qu'il eust veu le besoin qu'il en auoit. Ce nouuel amour luy reüssit si heureusement, qu'il eut d'elle des charmes pour surmonter tous ces perils, & enleuer la Toison d'or malgré le Dragon qui la gardoit, & qu'elle assoupit. Vn Autheur que cite le Mithologiste Noël le Comte, & qu'il appelle Denis le Milesien, dit qu'elle luy porta la Toison iusques dans son Nauire, & c'est sur ce rapport que ie me suis authorisé à changer la fin ordinaire de cette Fable, pour la rendre plus surprenante, & plus merueilleuse. Ie l'aurois esté assez par la liberté qu'en donne la Poësie en de pareilles rencontres, mais i'ay crû en auoir encor plus de droit en marchant sur les pas d'vn autre, que si i'auois inuenté ce changement.

PROLOGVE.

L'HEVREVX Mariage de sa Majesté, & la Paix qu'il luy a plû donner à ses Peuples, ayant esté les motifs de la réjouissance publique, pour laquelle cette Tragedie a esté preparée, non seulement il estoit iuste qu'ils seruissent de suiet au Prologue qui la precede, mais il estoit mesme absolument impossible d'en choisir vne plus illustre matiere.

L'ouuerture du Theatre fait voir vn Païs ruiné par les guerres, & terminé dans son enfoncement par vne Ville qui n'en est pas mieux traitée. La France y paroist la premiere, suiuie de la Victoire qui s'en est renduë inseparable depuis quelques années. Elle se plaint toutefois à cette Deesse de ce que ses faueurs l'accablent, par la licence que se donnét les Soldats victorieux, qui se croyent tout permis en suite des auantages qu'ils luy font remporter, aux dépens, ou au peril de leur sang. La Victoire conuaincuë de la iustice de ses plaintes par les ruines qui sont deuant ses yeux, n'ose s'offencer des vœux qu'elle fait pour la Paix, mais elle luy donne à craindre la colere de Mars, dont les ordres l'ont comme attachée à ses costez depuis tant de temps, & luy montre ce Dieu au haut du Ciel, où il se fait voir en posture menaçante, vn pied en l'air, & l'autre porté sur son Estoile.

C'est en cet estat qu'il descend à vn des costez du Theatre qu'il trauerse en parlant, & si tost qu'il a parlé, il remonte au mesme lieu dont il estoit party. Ce mouuement extraordinaire, & qui n'a point esté veu iusqu'icy sur nos Theatres, plaira sans doute aux Curieux, qui se souuiendront que toutes les Machines qu'ils y ont veuës faire sortir des Dieux du fond du Ciel, ne les y ont iamais reportez, mais ont esté remontées en haut par vn mouuement qu'on peut nommer perpendiculaire, au lieu que celle-cy fait faire vn triangle parfait à Mars, en descendant, trauersant le Theatre, & remontant au lieu mesme dont on l'a veu partir.

Avant que de remonter, ce Dieu en colere contre la France luy fait voir la Paix qu'elle demande auec tant d'ardeur prisonniere dans son Palais, entre les mains de la Discorde & de l'Enuie, qu'il luy a données pour Gardes. Ce Palais a pour colomnes des canons, qui ont pour bases des mortiers, & des boulets pour chapiteaux; le tout accompagné pour ornemens, de trompettes, de tambours, & autres instrumens de guerre entrelassez ensemble, & decoupez à iour, qui font comme un second rang de colomnes. Le Lambris est composé de Trophées d'armes, & de tout ce qui peut designer & embellir la demeure du Dieu des batailles.

Aprés qu'il est disparu, la Paix, bien que prisonniere, console la France sur les menaces, qu'il luy a faites, & voicy ce qu'elle luy en dit.

En vain à tes soupirs il est inexorable;
Vn Dieu plus fort que luy me va reioindre à toy,
Et tu deuras bien-tost ce succez adorable
  A cette Reine incomparable,
Dont les soins & l'exēple ont formé ton grand Roy.
Ses tendresses de sœur, ses tendresses de mere,
Peuuent tout sur vn fils; peuvent tout sur un frere;
Beny, France, beny ce pouvoir fortuné,
Beny le choix qu'il fait d'une Reine comme elle;
Cent Rois en sortiront dont la gloire immortelle
Fera trembler sous toy l'Vnivers estonné,
Et dans tout l'avenir sur leur front couronné
  Portera l'image fidelle
  De celuy qu'elle t'a donné.

PROLOGVE.

Ce Dieu dont le pouvoir suprême
Estouffe d'un coup d'œil les plus vieux differents,
Ce Dieu par qui l'Amour plaist à la vertu mesme,
Et qui borne souvent l'espoir des Conquerans,
  Le blond & pompeux Hymenée,
Prepare en ta faveur l'éclatante iournée
  Où sa main doit briser mes fers :
Ces Monstres insolents dont ie suis prisoiniere,
Prisonniers à leur tour au fond de leurs Enfers
Ne pourront mesler d'ombre à sa viue lumiere ;
  A tes Cantons les plus deserts
  Ie rendray leur beauté premiere,
Et dans les doux torrens d'une allegresse entiere
Tu verras s'abysmer tes maux les plus amers.
 Tu vois comme desia ces deux hautes Puissances,
Que Mars sembloit plonger en d'eternels discords,
Ont malgré ses fureurs assemblé sur tes bords
  Les sublimes intelligences
Qui de leurs grands Estats meuvent les vastes
   corps.
  Les surprenantes harmonies
  De ces miraculeux Genies
Sçauent tout balancer, sçauent tout soustenir ;
Leur prudence estoit deuë à cet illustre ouvrage,
  Et iamais on n'eust pu fournir
Aux interests diuers de la Seine, & du Tage,
Ny zele plus sçauant en l'art de reünir,
Ny sçauoir mieux instruit du commun avantage,

PROLOGVE.

Par ces organes seuls ces dignes Potentats
Se font eux-mesmes leurs Arbitres,
Aux conquestes par eux ils donent d'autres titres,
Et des Bornes à leurs Estats.
Quelques autres efforts que pour rompre mes
  chaisnes
L'Vnivers ait veu faire aux plus puissantes
  mains,
Le succez va montrer qu'apres toutes leurs peines,
Des Astres irritez les aspects inhumains
Vouloient pour s'adoucir la Pourpre des Romains,
Et ce que leur courroux à tant d'efforts enleuë
  Ton fameux Cardinal l'acheue.
Voy cette ame intrepide, à qui tu dois l'hon-
  neur,
D'auoir eu la Victoire en tous lieux pour com-
  pagne,
  Avec le grand Demon d'Espagne
De l'vn & l'autre Estat concerter le bonheur.
Ce Dieu mesme qu'attend ma longue impatience
N'a droit de m'affranchir que par leur Confe-
  rence,
Sans elle son pouvoir seroit mal reconnu
Mais enfin ie le voy, leur accord me l'envoye,
  France, ouvre ton cœur à la ioye,
Et vous, Monstres, fuyez, ce grand iour est
  venu.

Comme elle acheue de parler, l'Hymenée se presente couronné de fleurs, portant en sa main droite vn dard semé de lys & de roses, & en la gauche vn bouclier sur lequel est le portrait de la Reine. A la veuë de ce Portrait, la Discorde & l'envie trebuschent dans les Enfers, & les chaisnes qui tenoient la Paix prisonniere, luy tombent des mains. Se voyant libre, elle prie ce Dieu d'achever ses graces, & de la faire descendre en terre, où les Peuples la souhaitent avec tant de passion. L'Hymenée commande aux Amours ses Ministres, de prester leurs aisles à l'vn & à l'autre, pour executer ce dessein; & soudain quatre Amours viennent à eux, qui les apportent en terre, & revolent aussi-tost au Ciel, premierement de droit fil tous quatre ensemble, & puis en se separant deux à deux par un mouuement oblique, & se retirant au mesme lieu d'ou ils sont descendus.

Vn Chœur de Musique chante ces vers tandis qu'ils descendent.

Descens, Hymen, & ramene sur Terre
Les delices auec la Paix,
Descens, obiet divin de nos plus doux souhaits,
Et par tes feux esteins ceux de la Guerre.

PROLOGUE.

Aprés qu'on a ceffé de chanter, la France fait fes conioüiffances à la paix, qui l'exhorte à n'eftre pas ingrate vers cette grande Princeffe, dont les regards fauorables font caufe de fa liberté, & du bonheur qu'elle en attend. Elle l'inuite à luy preparer pour reconnoiffance quelques fpectacles pompeux, par vn effort extraordinaire de ce grand Art, où elle a de fi belles lumieres. Là France s'en excufe d'abord fur fon impuiffance, qui ne permet pas des fpectacles de cette nature, au milieu de tant de ruines. Mais cet obftacle eft leué tout à l'heure par l'Hymenée, qui prefentant le Portrait de la Reine aux deux coftez du Theatre, en fait changer les debris en vn Iardin auffi magnifique que furprenant, qui fert de decoration au Premier Acte.

ACTE PREMIER.

CE grand Iardin qui en fait la Scene, eft compofé de trois rangs de Cyprés, à cofté defquels on voit alternatiuement en chaque chaffis, des Statuës de marbre blanc, à l'antique, qui verfent de gros iets d'eau dans de grands baffins, fouftenus par des Tritons, qui leur feruent de piedeftal; ou trois vafes qui portent l'vn des orangers, & les deux autres diuerses fleurs en confusion, champtournées, & decoupées à iour. Les ornemens de ces vases & de ces bassins sont rehaussez d'or, & ces Statuës portent sur leurs testes des corbeilles d'or treillissées, & remplies de pareilles fleurs. Le Theatre est fermé par vne grande arcade de verdure, ornée de festons de fleurs, avec vne grande corbeille d'or sur le milieu, qui en est remplie comme les autres. Quatre autres arcades qui la suivent composent auec elle vn berceau, qui laisse voir plus loin vn autre Iardin de Cyprés meslez de quantité d'autres Statuës à l'antique, & la Perspectiue du fond borne la veuë par vn parterre encore plus esloigné, au milieu duquel s'esleue vne fontaine avec divers autres iets d'eau, qui ne font pas le moindre agrément de ce spectacle.

Chalciope & Medée sa sœur y paroissent les premieres, & s'entretiennent de la deffaite de Persés & des Scytes, par le secours des Argonautes: de là tombant sur les devoirs que Iason rend à Medée, & la complaisance qu'elle a pour luy, Chalciope l'aduertit qu'il se prepare au retour, si tost qu'il aura obtenu du Roy vne grace qu'il luy veut demander; surquoy elle luy aduouë que cette grace n'est autre qu'elle mesme, & l'adveu du Roy pour son mariage.

PROLOGVE.

Le Roy vient avec le Prince Absyrte son fils, & apres auoir exaggeré l'importance du service qu'il a receu de Iason & de ses compagnons, & le besoin qu'il a de leur valeur pour conseruer la Toison d'or, dont dépend le destin de son Estat, il demande à Medée si elle n'a point quelques charmes assez forts pour les arrester en son Royaume. Absyrte, sans donner le temps à sa sœur de répondre, luy propose le mariage de cette Princesse auec Iason, comme un moyen infaillible de l'empescher de partir. Le Roy l'approuue, & comme Iason se presente suiuy de Zethez, Calaïs, Orphée, & beaucoup d'autres. Le Roy l'ayāt enhardy à luy demander vne recompense de ses seruices, dans la croyance qu'il luy demanderoit Medée, dont Absyrte luy auoit dit qu'il estoit amoureux, & s'estant engagé par serment à ne luy refuser rien ; il demeure fort surpris, & cette Princesse fort confuse, lors que contre l'attente de l'vn & de l'autre, Iason luy demande la Toison d'or. Il fait ses efforts pour luy faire changer de dessein, & n'estre pas l'autheur de sa ruine, apres l'auoir si bien secouru : Iason ne veut pas que ce qu'en a dit l'Ombre de Phryxus merite aucune foy, & presse si bien le Roy de luy tenir parole, & ne violer pas son serment, qu'il le reduit à se retirer en colere, aprés luy auoir dit qu'il ne peut que luy permettre de se saisir luy-mesme de la Toison, s'il peut triompher des Monstres qui la gardent, & donné ordre à Medée de luy apprendre quels sont les perils où il s'engage.

Medée tasche à luy faire peur des Taureaux qu'il luy faut dompter, des Gens d'armes qu'il luy faut deffaire, & du Dragon qu'il luy faut vaincre, & le quitte aprés luy auoir protesté qu'elle va redoubler leur fureur par la force de ses charmes.

Iason & ses compagnons confus de voir les difficultez, ou plustost l'impossibilité de reüssir en leur dessein, voyent descendre Iris sur vn Arc en Ciel. Cette veuë leur donne espérance que Iunon, dont cette Nymphe est messagere, ne leur refusera pas son secours dans de si grands perils. Orphée l'en coniure au nom de tous par cet Hymne qu'il chante.

Femme & sœur du Maistre des Dieux,
De qui le seul regard fait nos destins propices,
Nous as-tu iusqu'icy guidez sous tes auspices,
 Pour nous voir perir en ces lieux?
Contre des bras mortels tout ce qu'ont pû les armes,
 Nous l'auons fait dans les combats,
 Contre les Monstres & les charmes
C'est à toy maintenant de nous prester ton bras.

Iris

Iris les asseure en suite que le secours de Iunon & de Pallas ne leur manquera point, & qu'elles vont toutes deux leur confirmer ce qu'elle dit. Surquoy on voit ces deux Deesses chacune dans son Char, dont l'vn est tiré par des Paons, & l'autre par des Hibous. Toutes deux leur apprennent que le succez de leur entreprise dépend de l'amour de Medée pour Iason, & qu'ils n'en viendront iamais à bout si elle n'est de leur party. Iunon adiouste que pour l'y reduire elle va descendre en terre, & y prendre le visage & la forme de sa sœur Chalciope: & Pallas, qu'elle va les proteger au Ciel contre les Dieux du party contraire, & soudain en mesme temps, on voit Iunon descendre, Pallas remonter, & Iris disparoistre, & les Argonautes ayant repris de nouuelles esperances sur ces promesses, se retirent pour aller sacrifier à l'Amour, de qui dépend toute leur fortune.

ACTE SECOND.

LA Riuiere du Phase & le Païsage qu'elle trauerse en font la decoration. On voit tomber de gros torrents des Rochers qui luy seruent de riuages, & l'esloignement qui borne la veuë, presente aux yeux diuers costaux, dont cette campagne est enfermée.

Iunon sous le visage & l'habit de Chal-

B

ciopé tire Iason à part sur les bords de ce Fleuue, & après luy auoir appris ce qu'elle a déja gagné sur l'esprit de Medée à la faueur de ce déguisement ; elle luy raconte qu'Hypsipile impatiente de le reuoir s'estoit mise sur la Mer pour le suiure, & qui ayant fait naufrage, Neptune l'auoit receuë dans son Palais, & la luy alloit renuoyer pour trauerser ses amours auec Medée, & empescher que son retour en Thessalie, apres la conqueste de la Toison, ne deuinst funeste pour Pelie son fils. Elle l'exhorte à ne perdre point de temps, & à faire tous ses efforts à regagner tout à fait Medée, & emporter la Toison auant l'arriuée de cette Amante.

Medée entre sous pretexte de chercher sa sœur, & quelque ressentiment dont elle soit animée contre Iason, ce Prince adroit agit si bien auec l'aide de Iunon, qu'il l'adoucit : mais comme elle est preste à se rendre, Absyrte son frere interrompt leur discours, pour leur faire part du rauissement que luy a donné ce qu'il a veu s'auancer vers eux sur le Phase, & en mesme temps on voit sortir de ce Fleuue le Dieu Glauque, auec deux Tritons & deux Sirenes, qui chantent ces paroles, cependant qu'vne grande Conque de Nacre, semée de branches de coral, & de pierres precieuses portée par quatre

Dauphins, & soûtenüe par quatre Vents en l'air, vient insensiblement s'arrester au milieu de cette mesme riuiere. Voicy donc ce que chantent les Sirenes.

Telle Venus sortit du sein de l'onde,
Pour faire regner dans le Monde
Les Ieux & les appas, les Graces & l'Amour,
Telle tous les matins l'Aurore,
Sur le sein émaillé de Flore
Verse la rosée & le iour.

Tandis qu'elles chantent, le deuant de cette Conque merueilleuse fond dans l'eau, & laisse voir la Reine Hypsipile assise comme dans vn Trône. Sa premiere veuë frappe le cœur d'Absyrte, & soudain Glauque commande aux Vents de s'enuoler, aux Tritons & aux Sirenes de disparoistre, au Fleuue de retirer vne partie de ses eaux pour laisser prendre terre à Hypsipile, & à Iason de rallumer ses feux pour cette Reine de Lemnos, que Neptune luy renuoye comme le seul objet qui soit digne de son amour. Les Tritons, le Fleuue, les Vents & les Sirenes obeïssent, & Glauque se perd luy-mesme au fond de l'eau si tost qu'il a parlé. Absyrte donne la main à Hypsipile, pour sortir de cette Conque qui s'abysme aussi-tost dans le Fleuue; le seul Iason demeure immobile, & pressé par elle de luy parler, il luy aduouë qu'il n'a plus d'yeux que pour Medée. Cette Princes-

B iij

se ne laisse pas d'en prendre ialousie, & par vne nouuelle colere elle le quitte comme vn volage, qui ne merite pas qu'elle en fasse estat. Iason la suit par le conseil de Iunon, qui les va reioindre vn moment apres, & Absyrte demeuré seul auec Hypsipile, luy fait ses premieres offres de seruice, & tâche de luy faire conceuoir la grandeur d'vn amour qui vient de naistre. Elle se deffend sur la préoccupation de son cœur pour cet inconstant dont elle se voit abandonnée, & prie ce Prince de la conduire au Roy pour luy en faire ses plaintes. Il veut l'en dissuader; mais enfin il obeit, & tous deux ensemble le vont trouuer dans son Palais.

ACTE TROISIESME.

NOs Theatres n'ont encor rien fait paroistre de si brillant, que le Palais du Roy Aæte, qui sert de Decoration à cet Acte. On y voit de chaque costé deux rangs de colomnes de Iaspe torses, & enuironnées de pampres d'or à grands fueillages, champtournées, & decoupées à iour, au milieu desquelles sont des Statuës d'or à l'antique de grandeur naturelle. Les frises, le festons, les corniches, & les chapiteaux sont pareillement d'or, & portent pour finissements des vases de porcelaine, d'où sortent de gros bouquets de fleurs au naturel. Les bases & les piedestaux sont enrichis de basses tailles, où sont peintes diuerses Fables de l'Antiquité. Vn grand portique doré, soûtenu par quatre autres colomnes dans le mesme ordre, fait la face du Theatre, & est suiuy de cinq ou six autres de mesme maniere, qui forment par le moyen de ces colomnes comme cinq galleries, où la veuë s'enfonçant découure ce mesme iardin de Cyprés qui a paru au premier Acte.

Le Roy entre le premier suiuy de Iason qui vient de luy demander Medée en mariage, & la Toison pour dot. Ce Monarque irrité le renuoye à la Reine Hypsipile, & luy commande d'écouter les plaintes qu'elle luy veut faire de son infidelité.

Hypsipile que le Roy laisse auec Iason, le reduit à luy avoüer que toute la tendresse de son cœur est pour elle, & qu'il ne s'attache à Medée, que par la consideration du besoin qu'il en a, pour emporter la Toison, sans laquelle, ny luy, ny aucun de ses compagnons ne peut retourner en Grece, qu'il n'y perde la teste. Medée interrompt leurs discours, & si tost que Iason la voit, il se retire tout confus de ce qu'il vient de dire, & saisi d'vne iuste apprehension qu'elle ne l'aye écouté.

Ces deux riuales ialouses l'vne de l'autre, commencent vn entretien piquant, qui se termine en querelle, que Medée fait éclater, par vn changement de ce Palais doré en vn Palais d'horreur, où tout ce qu'il y a d'épouuantable en la Nature sert de Termes. L'Elephant, le Rhinocerot, le Lion, l'Once, les Tigres, les Leopards, les Pantheres, les Dragons, les Serpents, tous auec leurs Antipathies à leurs pieds, y lancent des regards menaçans. Vne grotte obscure borne la veuë, au trauers de laquelle l'œil ne laisse pas de découurir vn éloignement merueilleux que fait la perspectiue. Quatre Monstres aislez, & quatre rampants enferment Hypsipile. Cette Reine demeurée seule parmy tant d'objets épouuantables, & pleine du desespoir où la iette l'infidelle Politique de Iason, s'offre à mourir, & presse ces Monstres de la deuorer; puis tout à coup se remettant en l'esprit que ce seroit se sacrifier à sa riuale, elle leur crie qu'ils n'auancent pas. Cette deffence qu'elle leur fait est repetée par vne voix cachée, qui chante ces paroles.

Monstres, n'auancez pas, vne Reine l'ordonne,
Respectez ses appas,
Suiuez les loix qu'elle vous donne,
Monstres, n'auancez pas.

Les Monstres s'arrestent en mesme temps, & comme Hypsipile ne sçait à qui attribuer vne protection si surprenante, la mesme voix adiouste.

C'est l'Amour qui fait ce miracle,
Et veut plus faire en ta faueur:
N'y mets donc point d'obstacle,
Aime qui t'aime, & donne cœur pour cœur.

Soudain vne nuée descend en terre, & s'y separant en deux ou trois, qui se perdent en diuers endroits du Theatre, elle y laisse le Prince Absyrte qui en estoit enuelopé. Ce Prince amoureux commande à ces Monstres de disparoistre, ce qu'ils font aussi-tost, les vns en s'enuolant, & les autres en fondant sous terre. Apres quoy il donne la main à cette Reine effrayée, pour sortir d'vn lieu si dangereux pour elle.

ACTE IV.

CE Theatre horrible fait place à vn plus agreable. C'est le Desert, où Medée a de coustume de se retirer, pour faire ses enchantemens. Il est tout de Rochers, qui laissent sortir de leurs fentes quelques filaments d'herbes rampantes, & quelques arbres moitié verds & moitié secs. Ces Rochers sont d'vne pierre blanche & luisante, de sorte que comme l'autre Theatre estoit fort chargé d'ombres, le changement subit de l'vn à l'autre fait qu'il semble qu'on passe de la nuit au iour.

Medée y paroist seule dans vne profon-

B iiij

de rêuerie; Abſyrte l'aborde, à qui elle demande conte du ſuccez de leur artifice, & fait par là connoiſtre aux Spectateurs que toute cette épouuante du troiſiéme Acte n'eſtoit qu'vn ieu côcerté entr'eux, afin qu'Hypſipile, croyant eſtre obligée de la vie à ce Prince, receuſt plus fauorablemét ſon amour, & ne diſputaſt plus le cœur de Iaſon à cette Princeſſe. Cet Amant luy apprend que ſon ſecours ineſperé n'a produit en cette Reine que des ſentimens de reconnoiſſance, qui ne vont point iuſqu'à l'amour, & luy demande vn charme aſſez fort pour emporter ſon cœur tout à fait. Medée luy aduouë que le pouuoir de ſon Art ne s'eſtend point iuſques-là, & apres luy auoir promit de le ſeruir, elle le congedie en le priant de luy enuoyer ſa ſœur Chalciope.

Attendant qu'elle vienne elle s'entretient ſur le peril où l'expoſe l'amour d'vn volage, qui pourra ne luy eſtre pas plus fidelle, qu'à Hypſipile. Chalciope, ou pluſtoſt Iunon ſous ſon viſage, vient l'entretenir, & luy exaggeré l'obligation qu'elle a à Iaſon, de l'auoir ſi hautement preferée à Hypſipile, en ſa preſence meſme. Elle adjouſte que ſes dedains ne peuuent ſeruir, qu'à le reünir auec cette riualo, & ſe retire le voyant arriuer. Medée luy fait des reproches de tout ce qu'il a dit d'obligeant à Hypſipile, ſoit qu'elle l'euſt entendu,

soit qu'elle l'eust sceu par le moyen du charme. Iason luy répond qu'elle ne doit pas s'a-
larmer d'vne ciuilité, qu'il n'a pû refuser à la
dignité d'vne Reine qu'il abandonne pour
elle, & continuë à luy demander la Toison,
où sa gloire est attachée, auec le salut de tous
ses compagnons. Medée luy replique qu'elle
veut bien prendre soin de sa gloire, & luy
donne dequoy vaincre les Taureaux & les
Gensdarmes, à la charge qu'il laissera combatre le Dragon aux autres. Iason veut la grace entiere, & Medée le quitte en colere de ce
qu'il exige tout d'elle, & ne veut rien laisser
en son pouuoir.
Iunon le rejoint, estonnée comme luy des menaces auec lesquelles Medée s'en est separée.
Elle se plaint de ce que l'Amour ne luy tient
pas ce qu'il lui auoit promis en sa faueur, & lui
apprend que les Dieux s'assemblent chez Iuppiter, pour resoudre le destin de cette iournée.
Surquoy le Ciel de Venus s'ouure, qui fait
voir le Palais de cette Deesse, où l'Amour paroist seul, & dit à Iunon, que pour luy tenir
parole, il s'en va montrer à cette assemblée
des Dieux, qu'il est leur maistre quand il luy
plaist. Il finit en commandant à Iason d'o-
beïr à Medée, & de luy laisser le soin du reste,
& s'élance aussi-tost en l'air, qu'il trauerse,
non pas d'vn costé du Theatre à l'autre, mais
d'vn bout à l'autre. Les curieux qui voudront
bien considerer ce vol, le trouuent assez ex-

traordinaire, & ie ne me souuiens point d'en auoir veu de cette maniere. Apres que l'Amour a disparu, Iason reprend courage, & fort auec Iunon pour rejoindre Medée, & rendre vne soûmission entiere à ses volontez.

ACTE V.

LA forest de Mars y fait voir la Toison sur vn arbre qui en occupe le milieu. Le Dragon ne s'y montre point encore parce que le charme de Circé, qui l'en a fait gardien, le reserue pour s'opposer aux rauisseurs, & ne veut pas qu'il épouuante ceux qui ne sont amenez-là, que par la curiosité de voir cette precieuse dépoüille. C'est ce qu'Absyrte apprend à Hypsipile, & reçoit d'elle de nouuelles protestations de reconnoissance, pour le seruice qu'il luy a rendu, auec vn adueu qu'elle ne peut se donner à luy, que Iason ne se soit donné à vn autre, & luy ait montré l'exemple d'vn changement irreuocable. Le Roy les aborde, tout épouvanté de la victoire, que ce Heros vient de remporter sur les Taureaux & les Gens-darmes, & temoigne peu de confiance au Dragon, qui reste seul à vaincre. Il attribuë ces effets prodigieux à des charmes qu'Hypsipile luy a prestez, & qu'il croit plus sçavante en ce grand Art, que Medée, veu la maniere toute miraculeuse dont

CINQVIESME.

elle à pris terre à Colchos. Cette Reine reiette sur sa Riuale ce qu'il luy impute, & presse Iason qu'elle voit venir d'en aduoüer la verité. Iason, sans vouloir éclaircir cette matiere, demande au Roy la permission d'acheuer, & s'auance vers la Toison pour la prendre. Medée paroist aussi tost sur le Dragon volant, esleuée en l'air à la hauteur d'vn homme, & s'estant saisie de cette Toison, elle présente le combat à ce Heros, qui met bas les armes deuant elle, & aime mieux renoncer à sa conqueste, que de luy déplaire. Apres cette déférence il se retire, & Zethez & Calaïs qui l'auoient suiuy, entreprennent le combat en sa place, & s'élancent tout d'vn temps dans les nuées, pour fondre de là sur le Dragon. Medée les braue, & s'esleue encore plus haut pour leur épargner la peine de déscendre, cependant qu'Orphée les encourage par cet Air qu'il chante.

Hastez-vous, enfans de Borée,
Demi-Dieux, hastez-vous,
Et faites voir, qu'en tous lieux, contre tous,
A vos exploits la Victoire asseurée
Suit l'effort de vos moindres coups.

Cette chanson d'Orphée ne fait point paroistre les Argonautes aislez, & Medée en prend occasion de le railler de ce que sa voix ne porte point iusqu'à eux, puisqu'elle ne les fait point descendre: mais ces Heros se montrant sur la fin de sa raillerie, Orphée chante cet autre couplet, tandis qu'ils combatent.

Combatez, race d'Orithie,
Demidieux, combatez,
Et faites voir que vos bras indomptez
Se font par tout vne heureuse sortie
Des perils les plus redoutez.

L'Art des Machines n'a rien encore fait voir à la France de plus beau, ny de plus ingenieux que ce combat. Les deux Heros aislez fondent sur le Dragon, & se releuant aussi-tost qu'ils ont tâché de luy donner vne atteinte, ils tournent face en mesme téps pour reuenir à la charge. Medée est au milieu des deux, qui pare leurs coups, & fait tourner le Dragon vers l'vn & vers l'autre, suiuant qu'ils se presentent. Iusqu'icy nous n'auons point veu de vols sur nos Theatres, qui n'ayent esté tout-à-fait de bas en haut, ou de haut en bas, comme ceux d'Andromede; mais de descendre des nuës au milieu de l'Air, & se releuer aussi tost sans prendre terre, ioignant ainsi les deux mouuemens, & se retourner à la veuë des Spectateurs, pour recommencer dix fois la mesme descente, auec la mesme facilité que la premiere; ie ne puis m'empescher de dire qu'on n'a rien encore veu de si surprenant, ny qui soit executé auec tant de iustesse.

Le combat se termine par la fuite des Argonautes, & la retraite d'Orphée. Le Roy rauy de voir que Medée l'a si bien seruy, luy en fait ses remerciemens, & l'inuite à descendre pour l'embrasser. Cette Princesse s'en excuse, sur ce qu'elle veut aller combattre, & vaincre ces ambitieux iusques dans leur Nauire. Le Roy voyant qu'elle continuë à s'esleuer tousiours plus haut auec la Toison qu'elle emporte, cômence à la soupçonner de quelque perfidie, & elle luy aduouë que les Dieux de Iason sont plus forts que les siés, & qu'elle le va rejoindre dans son Vaisseau, où sa sœur Chalciope l'attend auec ses fils. Si tost qu'elle est disparuë, Iunon se montre dans son chariot, & apres auoir desabusé le Roy touchant Chalciope, dont elle a pris le visage, pour mieux porter Medée à ce qu'elle vient de faire, elle remonte au Ciel pour en obtenir l'adueu de Iuppiter. Le Roy au desespoir, implore le secours du Soleil son pere, dont on voit s'ouurir le Palais lumineux, & ce Dieu sortir dans son Char tout brillant de lumiere. Il s'esleue en haut pour demander en faueur de son fils la protection de Iupiter, & vn autre Ciel s'ouure au dessus de luy, où paroist ce maistre des Dieux sur son Trône, & Iunon à son côsté. Ces trois Theatres qu'on voit tout d'vne veuë, font vn spectacle tout à fait agreable & majestueux. La sombre verdure de la forest épaisse qui occupe le premier, fait paroistre d'autant plus la clarté des deux autres, par l'opposition de ses ombres. Le Palais du Soleil qui fait le second a ses colomnes toutes de clincant, & son lambris doré auec diuers grands fueillages à l'Arabesque. Le rejallissement des lumieres qui portent sur ces dorûres, produit vn jour merueilleux, qu'augmente celuy qui sort du Trône de Iuppiter, qui n'a pas moins d'ornemens. Les marches ont aux deux bouts & au milieu des Aigles d'or, entre lesquelles on voit peintes en basse taille toutes les amours de ce Dieu. Les deux costez font voir chacun vn rang de piliers enrichis de diuerses pierres precieuses, enuironnées chacune d'vn cercle, ou d'vn quarré d'or. Au haut de ces piliers sont d'autres grands Aigles d'or, qui soûtiennent de leur bec le plat fond de ce Palais, composé de riches estoffes de diuerses couleurs, qui font comme autant de courtines, dont les Aigles laissent pedre les bouts en forme d'escharpes. Iuppiter assis en son Trosne à vn autre grand Aigle à ses pieds qui porte son foudre, Iunon est à sa gauche auec vn Paon aussi à ses pieds, de grandeur & de couleur naturelle. C'est en cet estat que ce maistre des Dieux répond à la priere que luy fait le Soleil, & luy dit que l'Arrest du Destin est irreuocable, & qu'Aæte ayant perdu la Toison doit perdre aussi son Royaume, mais pour l'en consoler, il ordonne à Hypsipile d'épouser

Absyrte, & à ce Roy d'aller passer ce temps fatal dans son Isle de Lemnos. Il adjoûte qu'il doit sortir de Medée vn Medus qui le restablira en ses Estats, & fondera l'Empire des Medes. Apres cet Oracle prononcé, le Palais de Iuppiter se referme, le Soleil va continuer sa course, & le Roy, Absyrte, & Hypsipile se retirent, pour aller executer les ordres qu'ils ont receus.

Voilà quelques legeres idées de ce que l'on verra dans cette Piece, que ie nommerois la plus belle des miennes, si la pompe des vers y répondoit à la dignité du spectacle. L'œil y découurira des beautés que ma plume n'est pas capable d'exprimer, & la satisfaction qu'en remportera le Spectateur, l'obligera à m'accuser d'en auoir trop peu dit dans cet auant-goust que ie luy donne.

FIN.

Extrait du Priuilege du Roy.

PAr Lettres Patentes du Roy données à Paris le 27. Ianuier 1661. Signées, CONRART; Il eſt permis à AVGVSTIN COVRBE' Marchand Libraire en noſtre bonne ville de Paris, de faire imprimer, vendre & debiter en tous les lieux de l'obeïſſance de ſa Majeſté, vne Tragedie compoſée par PIERRE CORNEILLE, intitulée *La Conqueſte de la Toiſon d'Or*, Auec les deſſeins de ladite Piece, en telles marges & tels caracteres, en vn ou pluſieurs Volumes, & autant de fois qu'il voudra, durant dix ans entiers, à compter du iour que ladite Tragedie ſera acheuée d'imprimer pour la premiere fois. Auec deffences à toutes perſonnes de quelque qualité & condition qu'elles ſoient, de l'imprimer, vendre & debiter, ſous quelque pretexte que ce ſoit, pendant ledit temps, ſans le conſentement dudit COVRBE', ou de ceux qui auront ſon droit, à peine de deux mil liures d'amende, de confiſcation des Exemplaires contrefaits, & de tous dépens, dommages & intereſts; comme il eſt porté plus au long par leſdites Lettres Patentes, à l'Extrait, & aux Coppies collationnées, auſquelles ſa Majeſté veut que foy ſoit adiouſtée, comme à l'Original. Et ſcellées du grand ſceau de cire jaune ſur ſimple queuë.

Et ledit Courbé a aſſocié, pour moitié, au preſent Priuilege Guillaume de Luyne, auſſi Marchand Libraire, ſuiuant l'accord fait entr'eux.

Acheué d'imprimer pour la deuxieſme fois, le 21. May mil ſix cens ſoixante-vn.

Les Exemplaires ont eſté fournis.

Regiſtré ſur le Liure de la Communauté le 28. Ianuier 1661. conformément à l'Arreſt du Parlement du 9. Auril 1653. Signé, IOSSE, Syndic.

www.ingramcontent.com/pod-product-compliance
Lightning Source LLC
Chambersburg PA
CBHW060555050426
42451CB00011B/1929